LA QUESTION THÉATRALE

Lettre aux Membres du Conseil municipal de Nantes.

FEUILLETON
DU
PHARE DE LA LOIRE

(MARDI 5 JANVIER 1869)

Par Edouard GARNIER

NANTES

IMPRIMERIE ÉV. MANGIN, QUAI DE LA FOSSE, 25.

Janvier 1869.

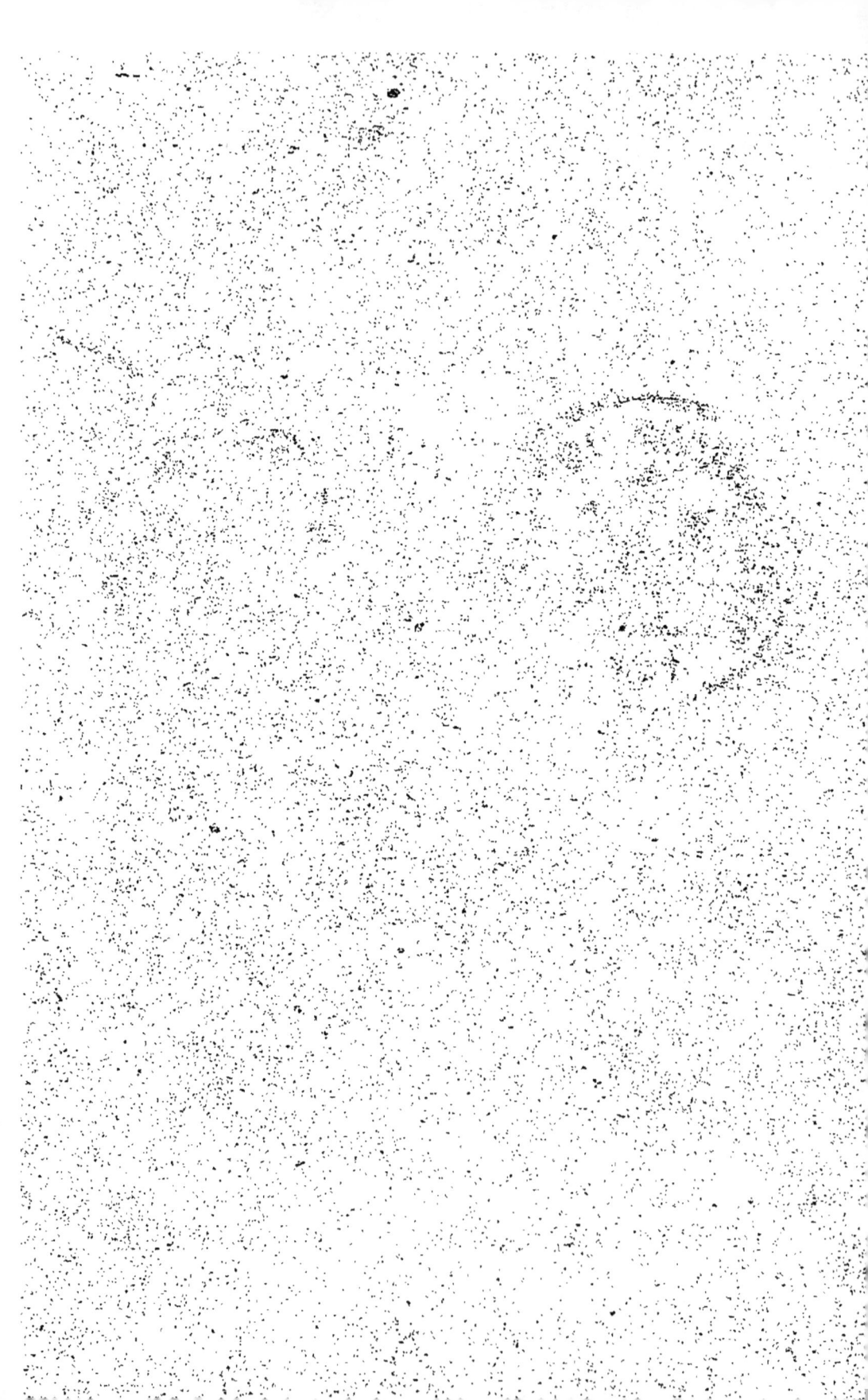

LA QUESTION THEATRALE

LETTRE AUX MEMBRES DU CONSEIL MUNICIPAL DE NANTES.

Messieurs,

Bien que je puisse avoir mauvaise grâce à m'immiscer dans une affaire sur laquelle vous ne me demandez pas un avis, la question de l'organisation d'un orchestre et de chœurs municipaux appartient trop essentiellement au public, et touche trop directement aux intérêts de l'art pour que je reste indifférent et que je ne considère pas comme un devoir d'intervenir, à mon tour, dans le débat présent.

Plusieurs de vous, Messieurs, sont pour moi des amis intimes, des camarades d'enfance et d'études et j'ai l'honneur de vous connaître presque tous.— Cette considération me permet d'espérer que ma démarche, quelque insolite qu'elle soit, ne sera pas trop mal accueillie par vous en cette circonstance. D'ailleurs, il paraît assez naturel que les questions musicales soient traitées par des musiciens. Or, vous êtes tous animés des meilleures intentions, vous avez au plus haut degré l'amour et le respect de l'art,—mais je ne vois parmi vous aucun spécialiste, aucun véritable musicien. — Il n'y a pas d'inconvénient à cela. L'esprit humain, certes, peut envisager bien des aspects à la fois, mais en définitive les gens du métier seront toujours un peu autorisés à venir émettre une opinion sur les choses qui leur sont familières.

Nous croyons fermement qu'il existe de bonnes raisons à faire valoir en faveur d'un orchestre et de chœurs constitués par la ville.

Comme nous l'avons dit précédemment, Nantes a possédé un bon orchestre. — Ce fut une grave imprudence de la part de l'administration municipale de laisser se dissoudre un corps qui représente l'une des forces moralisatrices de la cité. — Nous comprenons qu'elle n'ait pas voulu continuer à s'imposer les tracas d'une direction théâtrale, mais elle aurait dû sauvegarder, au moins, l'organisation de l'orchestre et des chœurs. —Nous n'assisterions pas aux embarras d'aujourd'hui, si l'administration, — pour se décharger par un sacrifice pécuniaire de toute responsabilité artistique, — n'avait pas compromis l'existence d'éléments aussi précieux en les laissant à la discrétion d'un industriel indifférent en matière d'art, mais fort soucieux à bon droit de son intérêt personnel, et qui peut, à son gré, les mutiler ou les détruire.

Sans cet admirable instrument qui les réunit tous et qui s'appelle l'orchestre, rien de saillant, d'heureux, de bon n'est possible au théâtre. — Il est l'âme de toute interprétation scénique. Nos orchestres modernes sont un monde où les passions, les sentiments déploient toutes leurs expressions, et où la nature fait entendre toutes ses voix. Les beaux effets qu'on trouve dans les grandes œuvres dramatiques ne sont-ils pas le résultat d'un orchestre puissant, habile, exercé et mis en œuvre par le génie méditatif ou inspiré?

Avec un tel orchestre, toutes les combinaisons de l'art musical sont praticables. — En lui résident une richesse harmonique, une variété de timbres, une succession de contrastes que rien ne saurait remplacer et par dessus tout une incalculable puissance mélodique, expressive et rhythmique, une force pénétrante à nulle autre pareille, une sensibilité prodigieuse pour les nuances d'ensemble et de détail. Son repos est majestueux comme le sommeil de l'Océan ; ses agitations rappellent l'ouragan déchaîné ; ses accents sont sombres ou joyeux ; on y retrouve les plaintes touchantes, les murmures légers ou les bruits retentissants, les sensations affectives et mystérieuses, les images confuses et fugitives, les clameurs, les prières, les chants de triomphe ou de deuil d'un peuple au cœur ardent, aux fougueuses passions ; son silence impose la crainte par sa solennité et les organisations les plus rebelles frémissent lorsque son *crescendo* grandit en rugissant comme un immense et sublime incendie.

Par contre, l'orchestre mauvais ou *incomplet* gâte, ruine, paralyse tout.

— Les plus excellents chanteurs sont gênés et engourdis ; il n'y a plus ni verve, ni ensemble ; les nobles hardiesses d'un auteur semblent des folies ; l'enthousiasme voit son élan brisé ; l'inspiration est violemment ramenée à terre ; l'ange n'a plus d'ailes ; l'homme de génie devient un extravagant ou un crétin ; la divine statue est précipitée de son piédestal et trainée dans la boue ; et, qui pis est, le public, et des auditeurs même doués de la plus haute intelligence musicale, sont dans l'impossibilité, s'il s'agit d'un ouvrage nouveau qu'ils entendent pour la première fois, de reconnaître les ravages exercés par cet orchestre défectueux et de découvrir les sottises, les fautes, les crimes qu'il commet.

Rien de virginal, rien de pur comme le coloris donné à certaines mélodies par un simple accompagnement instrumental, mais aussi combien un orchestre insuffisant fait perdre de leur meilleure valeur aux grandes œuvres lyriques ?

Les bons chanteurs deviendront la conséquence du bon orchestre. Jamais le plus remarquable chanteur ne pourra y suppléer, ni exercer une influence analogue.

Mais il est inutile d'insister davantage sur l'effet merveilleux, et sur le rôle immense de l'orchestre, — cette voix multiple et puissante qui les résume toutes, — qui donne la vie, l'éclat au chant, transporte, charme, émeut et passionne. — C'est un fait suffisamment avéré et reconnu. — De là donc, la nécessité absolue, l'importance extrême de posséder ces ressources éblouissantes, de disposer de ces éléments éloquents, et de maintenir au milieu de nous, par tous les moyens en notre pouvoir, ces dignes interprètes du grand art lyrique.

Or, le bon orchestre ne s'improvise pas du jour au lendemain. On ne l'enrégimente pas comme on discipline les pauvres recrues de nos campagnes. Une fois désorganisé, amoindri ou dissout, il faut de longs jours pour le reconstituer, et ce n'est qu'avec bien des peines, des soins, des efforts persévérants qu'on parvient à assouplir les parties si diverses qui le composent, qu'on peut les rendre homogènes, expérimentées, et qu'on réussit à les faire se fondre dans un ensemble retentissant et harmonieux, doux et fort, riche d'accents pénétrants et de nuances magnifiques.

L'insuffisant et le provisoire n'ont jamais produit rien qui vaille. Avec le système actuel, tout serait à recommencer chaque année. Ne nous imposons pas une tâche impossible à remplir. Déjà on peut se rendre un compte exact du résultat pitoyable obtenu par le démembrement de notre orchestre théâtral. Nous n'avons plus que des instrumentistes de passage et bientôt nous n'aurons que ceux dont les autres villes ne voudront pas. Quand il s'agit de remplir les vides et de faire des engagements pour l'orchestre, les artistes les repoussent avec une prudente et touchante unanimité. En effet, sans garantie aucune, — non seulement d'avenir, mais même d'un payement mensuel, — à la merci des opérations éventuelles et de la réussite problématique d'une entreprise théâtrale, quels sont ceux qui, ayant un vrai mérite, ne chercheront pas, partout ailleurs plutôt qu'ici, à s'employer et à utiliser leurs aptitudes?—A la fin de la dernière campagne, n'avons-nous pas assisté à un spectacle lamentable?—Par suite des mauvaises affaires du directeur, les artistes ont été les victimes du déficit. Les appointements des musiciens de l'orchestre et des pauvres choristes sont extrêmement réduits ; aussi, quand surviennent de tels désastres, c'est sur eux que le coup frappe le plus cruellement. — Nous en avons connu qui se trouvaient dans une pénurie complète : — ils manquaient littéralement de pain. — Disons qu'à la fin d'un travail pénible et d'une absorption de chaque jour pendant plusieurs mois, ils recevaient un prorata dérisoire de quelques francs. — Et c'est vous, Messieurs, vous l'honorabilité, la droiture même, qui vous rendez, — bien involontairement sans doute, — solidaires de ces faits si regrettables, — et cela, à cause précisément de cette subvention votée, distribuée et employée dans ces déplorables conditions, car elle devient pour de malheureux artistes l'appât trompeur de leurs engagements !

Il est donc urgent, on ne peut plus désirable, que de telles circonstances ne se représentent plus et ces raisons nous paraissent encore concluantes en faveur de l'orchestre et de chœurs permanents et garantis par la ville elle-même.

Que de ressources, que de jouissances artistiques elle se créerait ainsi ! — Des musiciens de talent résideraient dans notre ville. Ils tiendraient à honneur de faire partie de l'orchestre municipal. Ils propageraient les préceptes, l'émulation, le goût de l'art.

Aucune direction ne consentirait à être mise ainsi en tutelle. — C'est la principale objection. — Elle ne nous paraît pas sérieuse. — L'action du directeur ne serait aucunement entravée dans les détails de son administration. — Comme la nature qui n'a aucun souci de l'individu, mais qui se montre pleine d'une admirable prévoyance pour la conservation de l'espèce, la ville exigerait que son institution fut religieusement respectée, tout en laissant au directeur la libre faculté de renvoyer l'artiste insuffisant ou rebelle — Sans doute on n'aurait que fort rarement l'occasion de recourir à de pareilles extrémités, car le directeur serait intéressé à conserver le bon instrumentiste et celui-ci aurait tout avantage à remplir ses fonctions avec zèle et conscience. — Les amendes en usage, ou retenues pécuniaires, deviendraient efficaces, puisqu'elles pourraient être réelles.

A moins de se plaire aux exhibitions les plus triviales et d'être satisfait d'entendre des boîtes à musique, Nantes devra forcément conserver la subvention théâtrale. En effet, nous ne pouvons supposer qu'elle veuille déchoir à ce point de son rang de ville lettrée et libérale.

Beaucoup d'autres municipalités ont voulu renoncer à cette subvention, mais, en voyant ce que produisait l'abandon des intérêts artistiques, elles n'ont pas tardé à y revenir, et avec des chiffres plus élevés que ceux accordés précédemment, car la concurrence due à la liberté des théâtres porte un coup funeste aux scènes qui ont particulièrement *l'art pour but* et obligent à de plus grands sacrifices pour leur venir en aide.

Nous avons examiné longuement les résultats de l'orchestre bon ou mauvais. Avec une subvention appliquée dans les termes nouveaux que nous désirons, on aurait les splendeurs du premier orchestre dont nous avons parlé, tandis que sans elle on serait condamné tout simplement à entendre le mauvais. — En effet, quelle est la direction théâtrale non subventionnée, — et par suite échappant à tout contrôle, n'étant soumise à aucune exigence.— qui consentirait jamais à s'imposer les charges si lourdes, si onéreuses d'un orchestre complet?—Et alors que deviendrait l'art parmi nous?—Beaucoup de gens, il est vrai, s'en préoccupent fort peu.—Dans l'une de vos dernières délibérations, l'art lyrique a été assimilé au commerce qui a besoin incontestablement de liberté pour s'étendre et prospérer.

Nous ne croyons pas que les besoins du commerce et ceux de l'art soient les mêmes. L'histoire et les nombreuses mésaventures toutes récentes de celui-ci prouvent que c'est seulement *avec* et *sous* une protection effective qu'il peut vivre et progresser. — Le grand art musical pur et élevé entraîne au théâtre des frais considérables, et il n'est pas possible de l'y propager sans cette protection puissante, sans un contrôle sévère et sans d'importants subsides.— Quand les institutions et les individus demandent à grands cris une liberté qu'ils ne peuvent obtenir, il est curieux, toutefois, qu'on l'accorde avec tant d'empressement à l'art théâtral qui ne la demandait pas et qui s'en accommode si mal. — La concurrence devrait être cependant, pour cet art, un stimulant éminemment utile et fécond.

— Aussi n'est-ce pas un monopole que nous réclamons. Nous voulons seulement qu'en dehors des scènes irrégulièrement exploitées en quelque sorte, il y ait des théâtres où les règles du goût soient rigoureusement imposées par une intervention efficace. — Comment doit-on procéder ici pour obtenir des résultats conformes à ces règles et aux légitimes exigences du public ?

Comme l'ont dit dernièrement, et bien mieux que nous, M. Bourgault Ducoudray, un musicien convaincu, et M. Evariste Mangin, l'honorable et très compétent rédacteur en chef de cette feuille, la ville, — tout en faisant bénéficier un directeur de la présence d'un orchestre et de chœurs complétement organisés, — sauvegarderait les intérêts de l'art en ce qui concerne du moins la bonne exécution instrumentale des grands ouvrages. — Elle protégerait encore et pourrait ménager dans une certaine mesure les droits de la Société des Beaux-Arts et de l'Association Philharmonique qui ont tant fait pour le développement du goût musical à Nantes, en rendant possible l'interprétation d'œuvres étrangères au répertoire dramatique.— De plus, elle se réserverait, dans quelques circonstances, la libre disposition de ses chœurs et de son orchestre, car n'est-il pas singulier qu'aucune solennité artistique ne puisse avoir lieu parmi nous sans l'autorisation du directeur?

Il est bien entendu que le personnel des chœurs et de l'orchestre dépendrait entièrement du directeur pour tout ce qui concerne le service du théâtre. Mais une commission spéciale serait nommée par le Conseil pour surveiller et assurer la stricte exécution des engagements réciproques. Cette commission, répétons-le, ne s'immiscerait en aucune façon dans les détails de l'administration. Elle aurait surtout pour mission de contraindre le directeur à donner à la ville, en échange de ses subsides, une troupe compléte dans tous les genres exigés par son contrat, et pour cela il faudrait que la commission eût le droit de faire opérer sur la subvention une retenue, au profit du bureau de bienfaisance, quand un emploi ne serait pas rempli ou qu'un genre ne serait pas exploité. Comme l'a écrit M. Ev. Mangin — que la ville fasse grandement les choses, mais qu'elle les fasse en imposant à l'administration théâtrale un contrôle rigoureux et efficace.

Il serait bon de tenir compte des facilités avec lesquelles, — maintenant, et de tous les points de la France, — les artistes peuvent se déplacer et se réunir en troupes nomades pour donner dans une ville des représentations scéniques, profitables en même temps à l'art et à une exploitation théâtrale. — C'est encore l'orchestre et les chœurs à poste fixe qui rendraient praticables ces entreprises et pourraient leur assurer le succès.

Quelle riche subvention ne serait-ce pas que cet orchestre et ces chœurs unis au don gratuit de la salle ?

Malheureusement on ne tente rien. On veut maintenir toujours les traditions caduques d'un cahier des charges imposé il y a trente ans et qui n'est pas même exécuté. — On n'y veut rien changer. — C'est l'arche sainte à laquelle on ne doit pas toucher. — On reste dans l'ornière, quand il faudrait en sortir à tout prix et entrer dans une voie nouvelle. — La routine est une triste conseillère. — Les circonstances sont autres, les temps ont changé, et, ne tenir aucun compte des tendances de l'esprit nouveau, c'est évidemment faire fausse route et s'exposer à l'erreur.

Parmi plusieurs abus qui pourraient vous être signalés, Messieurs, il en est un sur lequel nous croyons à propos d'appeler plus particulièrement votre attention. — Nous dirons donc que depuis plusieurs années on néglige de faire exécuter une clause de ce fameux cahier des charges. — Nous pensons qu'elle existe toujours. — Elle avait pour but de doter la bibliothèque du théâtre de tous les ouvrages nouveaux représentés sur la scène Graslin.

A cet effet le Directeur devait laisser aux archives pour mille à douze cents francs de musique qui devenait la propriété de la ville. Une somme égale était affectée aux costumes et autant pour les décors. Nous ne savons pas ce qui passe à l'égard des costumes et des décors, mais pour ce qui est de la musique, nous sommes certain que cette clause est tombée en désuétude. — C'était ainsi qu'autrefois les directeurs trouvaient, sans aucun frais, toutes les ressources nécessaires pour reprendre les ouvrages qui avaient eu du succès.

Cette mesure avait encore l'avantage de laisser au théâtre une musique *neuve*, corrigée avec soin et appropriée au personnel, ce qui en facilitait la bonne exécution et économisait le temps dont les directeurs sont toujours avares, quand il s'agit de la reprise d'un ouvrage connu.

Maintenant, chaque année, on donne aux artistes une musique *de location* ayant déjà servi dans bien des villes souvent moins importantes que la nôtre. — De là des coupures à l'infini, de mauvaises corrections, des pages déchirées ou absentes, enfin une musique mutilée, presque injouable ; — et il faut monter la pièce en toute hâte avec une ou deux répétitions, tandis qu'à la création on en a eu cinq ou six, et plus selon l'importance de l'œuvre. — Tout le zèle et toute la bonne volonté du chef et des instrumentistes ne peuvent pallier ces inconvénients, et l'interprétation de la reprise est naturellement fort inférieure à celle de la création.

Nous maintenons que les directeurs,

en sollicitant la suppression ou la non exécution de cette clause, ont mal compris leurs véritables intérêts. Ils devraient s'estimer heureux de trouver sous la main tout ce qui peut venir en aide à leur entreprise, mais ils ne veulent pas suivre l'exemple de leurs prédécesseurs en apportant à leur tour la modeste pierre à l'édifice commun. Bien au contraire, ils cherchent à susciter tous les embarras possibles à ceux qui viendront après eux. — C'est une faiblesse humaine qu'il faut leur pardonner, mais contre laquelle il est bon de se prémunir en ne prenant pas trop au sérieux les plaintes de ces messieurs.

Il ne faut pas perdre de vue que c'est grâce à ces sages mesures que le théâtre se trouvera enrichi d'une bibliothèque complète, tant en musique qu'en brochures dans tous les genres.

Il y aurait encore bien à dire sur ce sujet, mais ces détails sont du domaine de la surveillance administrative et il sera temps d'y revenir plus tard.

L'idée d'un orchestre et de chœurs municipaux n'est pas nouvelle parmi vous, Messieurs. Déjà aux années précédentes, deux de vos très honorables collègues avaient pris l'initiative de cette proposition et nous nous plaisons à leur en attribuer le mérite.

De la bonne solution donnée à cette question dépend certainement l'avenir musical de notre ville.

Il reste encore dans l'orchestre quelques très rares instrumentistes d'un véritable talent, mais avec les éventualités présentes, ils sont probablement à la veille de nous quitter. — Ne commettons pas la nouvelle faute grave de les laisser partir, car de tels virtuoses ne se rencontrent pas tous les jours, ils ont les rôles les plus importants, et on ne les remplacerait pas aussi aisément qu'on le suppose.

Nous luttons, nous le savons, contre une résistance bien puissante : l'indifférence en matière d'art. — Elle est presque générale. Le sens artistique semble faire défaut à notre époque positive. La prédilection pour le genre trivial et malsain domine partout. L'exemple vient de haut. Le goût se pervertit et l'art périclite visiblement en France.

Ceux qui nous gouvernent se préoccupent infiniment plus de la hauteur d'un schako ou d'une nouvelle disposition de boutons de guêtre que des questions artistiques.

La musique est chose bien secondaire pour les pouvoirs actuels, et si, en dehors de son modeste budget, il s'agissait de voter pour elle, sur la proposition d'un membre de l'opposition, un supplément de cinq cent mille francs, par exemple, il est certain que cette proposition aurait un grand succès d'hilarité sur les bancs officiels.

Notre Conservatoire offrirait des ressources instrumentales dont on n'a pas idée, il deviendrait une sorte de pépinière d'habiles exécutants, si son utilité, son but, son importance étaient des vérités mieux reconnues et plus appréciées. — Malheureusement on ne fait pour lui rien de sérieux. Au lieu de lui donner un libre essor, chaque année on discute même son existence et ce n'est qu'à grand peine qu'on vote en sa faveur un subside parfaitement insuffisant de six mille francs.

On oublie trop que Nantes a l'honneur de posséder l'une des cinq succursales du Conservatoire de Paris, et qu'à ce titre il suffirait de constituer les classes exigées par les statuts pour avoir droit aux trois mille francs accordés par le budget général des Beaux-Arts à ces excellentes institutions. Et ce résultat, on l'obtiendrait par une faible allocation de deux à trois mille francs au plus qui permettrait d'établir les différents cours réglementaires qui manquent. — Des villes d'une importance bien moins grande que Nantes ont une subvention beaucoup plus élevée. A Colmar, entre autres, — ville de vingt-deux mille âmes environ, — le conseil municipal accorde onze mille francs à sa simple école de musique. — Et quand il serait si facile d'atteindre ce but, nous persistons encore à n'avoir aucune initiative et à rester dans un état de complète infériorité par rapport aux autres villes mieux inspirées!

Il est difficile de concilier toujours les intérêts matériels avec ceux de l'ordre moral. — La théorie fait admettre bien des choses auxquelles la mise en pratique suscite de nombreux obstacles. — C'est l'écueil contre lequel viennent échouer les meilleures résolutions. — Nantes, comme la plus belle fille du monde ne peut donner que ce qu'elle a, et son budget n'est pas précisément celui du ministère de la guerre. Cependant la ville a-t-elle bien fait tout ce que ses ressources lui permettaient de faire ?

Nous ne saurions trop insister sur l'importance extrême d'avoir des masses instrumentales bien organisées et permanentes. Ces masses donneraient naissance aux concerts de musique populaire et feraient renaître l'Association Philharmonique. Nous y voyons un remède au relâchement chaque jour plus croissant du lien de la cité, une distraction salutaire et un enseignement pour les citoyens. Le théâtre n'est qu'une branche, qu'une manifestation de l'art musical. Seul, il ne nous donnera pas cette force de cohésion dont l'absence est si regrettable à notre époque d'individualisme excessif. L'Association Philharmonique y contribuera dans une large part.

Pour faire quelque chose de grand, il faut s'unir, il faut vouloir et agir en commun. — Rien sans l'esprit d'association. — Dans ces temps de crise sociale, rattachons-nous à tout élément qui peut nous unir, et nous inspirer des affections mutuelles. — Or, la musique a une grande puissance pour engendrer la sympathie entre tous. — Comme les instruments qui s'accordent sur une note unique pour avoir un orchestre juste, c'est dans l'audition des pages immortelles des grands maîtres, c'est dans une admiration ressentie en commun que les sentiments s'épurent et s'accordent.

Nous nous faisons peu d'illusion sur le résultat de notre démarche. — Nous n'avons pas la prétention de modifier à ce point les décisions du Conseil. — Les considérations que nous venons de présenter seront qualifiées sans doute de véritables utopies. — Mais qu'importe ! — En ayant l'honneur de débattre devant vous, Messieurs, les intérêts de l'art, nous avons rempli ce que nous croyons être un devoir pour nous.

Bien des gens se demandent : — « A quoi bon s'occuper tant de musique ? — Il est si facile de s'en passer et on vit fort bien sans elle ! » — Matériellement, physiquement, oui sans doute ; — intellectuellement, psychologiquement, non, cent fois non, répondrons-nous à ces cerveaux étroits, à ces esprits sans enthousiasme, à ces cœurs fermés !

Sous peine de revenir aux pays sauvages et aux temps barbares, l'art est indispensable.

Les gouvernements disparaissent, — ces sortes d'institutions n'ont pas encore résolu le problême de la stabilité, — un souffle les emporte. — Mais tant que l'intelligence humaine ne disparaîtra pas à son tour, l'art rayonnant, — toujours jeune et beau, — vivra avec elle. — L'art est une religion, une force moralisatrice, comme la foi il soulève les montagnes, il rend les hommes meilleurs, plus aimants, il donne de nobles aspirations, et remplit le cœur des sentiments les plus généreux. — Protégeons-le donc et aidons-le de tout notre pouvoir !

Dans ces jours d'année nouvelle, on formule bien des souhaits. — Nous espérons, Messieurs, que vous donnerez à l'art les belles et légitimes étrennes qu'il vous réclame !

Tel est le vœu de votre respectueux serviteur,

ÉDOUARD GARNIER.

NANTES, IMPRIMERIE ÉV. MANGIN.

www.ingramcontent.com/pod-product-compliance
Lightning Source LLC
Chambersburg PA
CBHW070540050426
42451CB00013B/3111